LES
ASILES DE LAFORCE

(DORDOGNE).

LA FAMILLE ÉVANGÉLIQUE

BÉTHESDA

ÉBEN-HÉZER

SILOÉ

BÉTHEL

LE REPOS

LA RETRAITE

LA MISÉRICORDE

BERGERAC

IMPRIMERIE ET LITHOGRAPHIE FAISANDIER

1877

AVIS TRÈS-IMPORTANT

(Ne le perdez jamais de vue.)

Adresser tout ce qui concerne l'Administration des Asiles à M. le pasteur Johx BOST, directeur, et mettre sur l'enveloppe :

« Direction des Asiles. »

LES
ASILES DE LAFORCE

AVIS TRÈS-IMPORTANT

(Ne le perdez jamais de vue.)

Adresser tout ce qui concerne l'Administration des Asiles à M. le pasteur JOHN BOST, directeur, et mettre sur l'enveloppe :

« DIRECTION DES ASILES. »

LES

ASILES DE LAFORCE

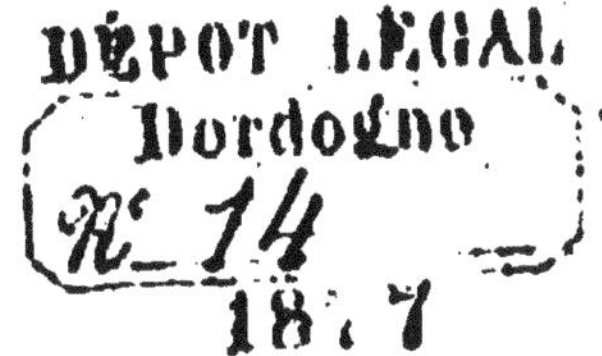

LES
ASILES DE LAFORCE

(DORDOGNE).

LA FAMILLE ÉVANGÉLIQUE

BÉTHESDA

ÉBEN-HÉZER

SILOÉ

BÉTHEL

LE REPOS

LA RETRAITE

LA MISÉRICORDE

BERGERAC

IMPRIMERIE ET LITHOGRAPHIE FAISANDIER

1877

LES ASILES DE LAFORCE

La Famille..... Asile pour des jeunes filles: 1° orphelines ; 2° placées dans un mauvais entourage ; 3° de protestants disséminés.

Béthesda....... Asile pour des jeunes filles : 1° infirmes ou incurables ; 2° aveugles ou menacées de cécité ; 3° idiotes, imbéciles ou faibles d'esprit.

Eben-Hézer.... Asile pour des jeunes filles épileptiques.

Siloé.......... Asile pour des garçons : 1° infirmes ou incurables ; 2° aveugles ou menacés de cécité ; 3 °idiots ou imbéciles.

Béthel......... Asile pour des garçons épileptiques.

Le Repos....... Asile pour des institutrices incurables, des maîtresses d'école infirmes, des dames veuves ou célibataires malades et abandonnées.

La Retraite..... Asile pour : 1° Des servantes, des femmes veuves ou célibataires, malades ou infirmes et sans ressources, que leur éducation ne permet pas d'admettre au Repos ; 2° Des femmes infirmes ou incurables, exclues par leur âge ou par d'autres motifs de l'Asile de Béthesda.

La Miséricorde. Asile ouvert à des filles : 1° idiotes gâteuses, ayant perdu toute leur intelligence ; 2° épileptiques qui sont idiotes et infirmes.

Conseil d'Administration :

Président, John Bost, pasteur, directeur.

Secrétaires {
E. Monbrun, pasteur de l'Église réformée de Sainte-Foy ;
E. Robert, pasteur de l'Église libre de Sainte-Foy.

C. Bastie, pasteur à Bergerac, Modérateur du Synode de l'Eglise réformée.

H. Marrauld-Dupon, ancien magistrat.

A. Garrigat, docteur-médecin, membre du Conseil presbytéral de l'Église réformée de Bergerac.

L. Domenget, Juge d'instruction près le Tribunal de Bergerac.

G. Fouignet, propriétaire, membre du Conseil presbytéral de l'Église de Gensac (Gironde).

Th. Boyer-Guillon fils, propriétaire.

LES ASILES DE LAFORCE

Chers Bienfaiteurs,

L'enfance abandonnée, les infirmes, les incurables, les aveugles, les sourds-muets, les idiots, les
épileptiques, les veuves, les institutrices malades,
l'humble servante infirme, usée par le travail, viennent vous raconter leurs souffrances, vous bénir pour
tout le bien que déjà vous leur avez fait, et se recom-
mander à votre sympathie, à votre charité. — Ne
soyez pas sourds à leurs cris. Leur histoire se résume
en un mot : *souffrir*; la vôtre en deux mots : *soulager*,
consoler, n'est-ce pas ?

En écoutant les cris qui s'échappent de tant de
cœurs, comme Jésus, dans un profond soupir, vous
élèverez vos yeux vers le ciel et vos mains se pose-

ront sur nos chers malades pour les soutenir dans la sombre vallée qu'ils parcourent tous les jours de l'année.

Voudrez-vous lire les pages qui suivent ? Nous n'en doutons pas..... — Déjà de tous côtés nos amis nous demandent nos Rapports, et en plus grand nombre que les précédents. Nous avons pris note des observations qui nous ont été faites sur nos Rapports antérieurs ; mais il nous sera difficile de satisfaire les désirs de nos bienfaiteurs. Les uns demandent plus de détails sur l'emploi de nos journées, la division du temps, sur le régime alimentaire, sur notre système d'éducation. **La Famille** est pour eux l'asile par excellence. Ils me prient de passer légèrement sur les asiles d'épileptiques ; cette lecture les impressionne péniblement. Des amis en plus grand nombre me disent, m'écrivent : « Vos asiles pour les épileptiques ont toute notre sympathie. Ce que vous écrivez sur ces chers enfants nous va droit au cœur. Donnez-nous beaucoup de détails sur **Eben-Hézer**, sur **Béthel. Béthesda, Siloé**, pour les aveugles, les infirmes, les incurables, les idiots, ont leurs admirateurs. L'œuvre du **Repos** est comprise. De tous côtés on me demande des nouvelles de nos chères malades. Les amis les plus dévoués à la cause de l'humanité souffrante avaient exprimé des doutes sur le succès de cette grande entreprise. L'œuvre avait toute leur sympathie, ils la disaient nécessaire, mais ils... nos *amies* surtout ! se demandaient si tant de femmes réunies pourraient vivre en paix. L'expérience est plus que concluante; l'harmonie règne dans **Le Repos.**

La Retraite est un asile de fondation récente ; vous l'adopterez aussi, nous n'en doutons pas. Vous voudrez savoir à quelle classe de la société il ouvre ses portes : lisez le Rapport. **La Miséricorde** enfin est en cours de construction. Nous vous donnons plus loin sur cet asile, avec la vue de façade et les plans, des détails qui réjouiront vos cœurs.

Le 18 mai 1876, nous avions comme prédicateur, pour célébrer notre fête annuelle, M. le pasteur Recolin. Il a publié depuis trois Lettres sur les Asiles de Laforce. Comme beaucoup d'amis, il se demandait s'il n'était pas temps de s'arrêter, mais ce n'était pas possible. Il l'a reconnu et nous tous avec lui.

Le service des Asiles était présidé par sir John Mac Neill. Ceux qui ont assisté à cette solennité n'oublieront pas les accents de tendre sympathie exprimés par le vénérable vieillard.

Comme fruit de leur si généreux concours, ces deux amis doivent recueillir la fondation de nos deux nouveaux Asiles. Ils s'en réjouiront, nous n'en doutons pas.

Je viens maintenant vous prendre par la main pour vous conduire dans chacun de nos huit Asiles. Soyez sans crainte ; le seul danger que vous ayez à courir est celui de vous constituer à vie un des protecteurs de ces familles de déshérités qui n'ont pour ressource assurée que la libéralité des chrétiens.

LA FAMILLE

Au 31 décembre 1876 comptait 79 pensionnaires et 22 externes.

Dans le courant de l'année, 25 pensionnaires sont entrées. Il y a eu 11 sorties.

Cinq jeunes filles se sont placées comme femmes de chambre en Angleterre et en France.

Cinq sont rentrées dans leurs familles.

Une est morte d'une phthisie pulmonaire.

ÉTAT SANITAIRE

Aussi satisfaisant que possible. Il est bien rare que l'infirmerie ait été occupée. *Seize années* s'étaient écoulées sans qu'il y eût eu un seul décès dans **La Famille**. Ce succès a surpris tous les médecins et les amis qui nous ont visités. Qu'avons-nous fait pour obtenir de pareils résultats ? Dans tous les orphelinats ou pensionnats les mêmes soins sont donnés. Les enfants sont entourés de la même affection. La nourriture est à peu près de même nature et donnée en quantité égale. Cependant les enfants qui nous arrivent sont souvent dans un si triste état de santé que nous serions tentés de les placer dans l'Asile de BÉTHESDA.

C'est à l'air pur de la campagne, ce grand réparateur du sang, peut-être aussi à l'exercice auquel nos enfants sont soumis que nous devons cet état sanitaire si florissant. **La Famille** a de vastes dortoirs, de grands ouvroirs, des salles d'études bien aérées ; elle est entourée de jardins qui ne sont clos que par des haies. L'air circule librement, et il n'y a jamais eu d'épidémie à Laforce.

La jeune fille dont nous constatons le décès était poitrinaire ; ses parents sont morts de la même maladie.

RÉGIME ALIMENTAIRE

Le matin à huit heures nos enfants ont du lait ou de la soupe. A midi, elles ont un ordinaire composé de soupe, d'un plat de légumes, remplacé quatre fois dans la semaine par de la viande. Le soir elles ont du riz ou des fruits cuits. Les enfants les plus chétives ont du vin deux fois par jour; les autres en ont un peu au dîner. Une question s'impose à notre considération, c'est l'usage du vin. Depuis l'invasion du phylloxera dans nos contrées, le vin devient cher et bientôt il le sera plus encore. Beaucoup de familles aisées, des artisans laborieux ont diminué la ration de vin qu'ils se permettaient autrefois. Que ferons-nous dans nos Asiles? Le vin ne devra-t-il pas être considéré comme un remède, donné à nos malades seulement? Toutefois il est prouvé que nos populations, quand elles sont privées de vin, mangent beaucoup plus sans être pour cela rassasiées, et que les fièvres intermittentes exercent sur elles de déplorables ravages. Nos yeux, vous le voyez, sont ouverts sur les détails de notre administration intérieure. Nous avons dans nos asiles 400 personnes. Supposons que nous augmentions la nourriture de cinq centimes par jour et pour chaque élève, notre budget, à la fin de l'année, se sera élevé de 7,300 fr. Nous n'épargnerons rien sur le nécessaire, mais nous refuserons tout superflu.

ÉDUCATION. — INSTRUCTION.

Nous n'avons rien à modifier à notre programme. Comme par le passé, toutes nos jeunes filles reçoivent la même éducation. Nous désirons faire d'elles de bonnes femmes de ménage, les initier dès leur entrée aux travaux de la maison. Cuisine, lessive, bonne tenue des appartements. En fait de couture, elles doivent confectionner leurs vêtements, les prendre en pièces et les tailler, les faufiler et les coudre. C'est dans **La Famille** que se confectionne une partie de la lingerie de Siloé et Béthel. Les matelas, les couvre-pieds du Repos, ont aussi été faits par nos orphelines.

Des ouvrages de fantaisie sont permis dans les récréations et les jours de fête. Orphelines pour la plupart elles deviendront des servantes, femmes de chambre ou bonnes d'enfants. Rien n'est négligé pour les former de bonne heure à la vocation qu'elles doivent embrasser. Elles se rendent deux ou trois ensemble, seules ou avec la directrice, en ville pour faire les emplettes de la Maison. Elles voient ainsi ce monde avec lequel elles seront appelées à vivre. Quand arrive le moment de leur sortie elles sont plus ou moins familiarisées avec la société, telle qu'elles la trouveront dans les places qu'elles occuperont. *Servir, et non être servies*, est en résumé notre système d'éducation. Nous insistons surtout sur les leçons de choses et le calcul de tête, tout en donnant à nos enfants une bonne instruction primaire.

Nous correspondons régulièrement avec les élèves qui ont quitté **La Famille**, et c'est toujours avec un sentiment de vive gratitude que nos chères enfants parlent de l'Asile qui les a mises en état de gagner honorablement leur vie.

La conduite est assez bonne ; nous n'avons pas eu de cas d'indiscipline.

BÉTHESDA

Asile de la souffrance ! A son origine, **Béthesda**, ouvrait ses portes à des *jeunes filles* atteintes de maladies diverses ; aujourd'hui nous avons des femmes âgées, infirmes, idiotes. Nous les soignons, les unes depuis vingt ans, les autres depuis dix-huit et quinze ans. L'air pur, un travail modéré ont réparé leurs forces. Elles nous étaient envoyées comme incurables ou dans un état d'idiotie avec dégénérescence de leur être tout entier. A vues humaines elles devaient succomber peu après leur arrivée, mais la vie et la santé ont reparu. Le mélange de filles âgées avec d'autres plus jeunes est pour nous un sujet de préoccupation, de gêne. Nous avons pu établir dans les dortoirs des classements qui obvient jusqu'à un certain point aux difficultés de ce mélange. Mais à l'heure des repas et dans le cours de la journée elles vivent ensemble et nous voudrions qu'il en fût autrement. Toutes les précautions sont prises pour éviter jusqu'aux apparences du mal, mais il nous faudra arriver à un classement plus précis. Une réforme importante aura lieu dans le courant de l'année quand **La Miséricorde** sera ouverte. Parmi nos filles âgées se trouvent des êtres hideux, repoussants et qui sont pour nos jeunes filles infirmes un sujet de répulsion. Des idiotes gâteuses aussi, malgré tous les soins de propreté que nous pouvons donner, sont un obstacle insurmontable à la bonne tenue que doit avoir un asile destiné au soulagement de tant d'infortunes. Le calme, la tranquillité, sont aussi des conditions essentielles au rétablissement possible de nos malades. Le sommeil est le grand réparateur des fatigues et des souffrances physiques. Dans l'état actuel de Béthesda, nous ne pouvons procurer ce sommeil à nos enfants. La Miséricorde une fois ouverte, nous aurons jdans Béthesda l'ordre, la propreté, le calme après lequel nous soupirons tous.

Nous devons rappeler à nos amis ce que beaucoup semblent oublier : c'est que Béthesda n'est pas exclusivement l'asile des *idiotes*. Que l'idiot, dans le temps abandonné, ait conquis de nouveau sa place dans le domaine des malheureux à secourir, qu'il soit devenu l'objet d'un tendre intérêt, nous nous en réjouissons. Nous cherchons avec un zèle qui ne se ralentit pas à développer les germes d'intelligence qui peuvent exister chez ces pauvres êtres, qui, souvent, ne vivent que par le cœur. Mais nous avons à Béthesda, ne le perdez pas de vue, les orphelines infirmes, incurables, aveugles, à tous égards aussi dignes de pitié que les idiotes. Entrons dans quelques détails.

1° *Les infirmes ou malades* sont de chétives créatures nées difformes, paralysées d'une partie de leur corps, ou qui, à la suite de quelque accident ou d'un vice de sang, ont subi l'amputation d'un membre. Pour elles, il peut y avoir quelque espérance de rétablissement. Les unes pourront rentrer dans la société. Plusieurs, après avoir passé un temps plus ou moins long dans l'Asile, se sont placées comme institutrices ou bonnes d'enfants. Ces derniers jours, une de nos élèves, dont le bras avait été amputé après avoir été pris dans les engrenages d'une machine, est entrée dans l'école normale de Nîmes. Quelques autres, atteintes de teigne faveuse qui semblait résister à tous nos efforts, ont été guéries et sont entrées en service comme femmes de chambre. Il en est d'autres dont les infirmités sont si grandes, qu'elles termineront leurs jours dans Béthesda.

2° *Les incurables* sont nos chères malades atteintes de phthisie pulmonaire au 3me degré, ou de scrofules, qui sont déterminées par un vice de sang héréditaire. Parmi ces dernières, se trouvent de chères petites orphelines qui passent leur journée étendues sur un lit ou sur un fauteuil, ne pouvant presque pas se remuer. Ici, nous voyons une aimable enfant de 12 ans ayant une coxalgie qui lui cause les douleurs les plus vives. Nous ne savons par où la prendre pour effectuer le pansement. Là, c'est une orpheline couverte de scrofules et qu'on remue avec peine. Chez plusieurs, la vue diminue, et il est à craindre qu'elles la perdent.

Quel émouvant spectacle que celui de ces chères

petites, condamnées à une vie de souffrances ! Elles pleurent, elles voudraient trouver un peu de soulagement. Que ce cri de leur cœur est poignant : « Toujours, toujours souffrir, c'est si long ! Si encore nous pouvions dormir ! » Hélas ! que nous sommes impuissants pour leur accorder la guérison ! Et, toutefois, au milieu de leur épreuve, on voit souvent le sourire sur leurs lèvres. Dès l'apparition du soleil, elles sont portées devant nos petits parterres, à l'ombre de grands tilleuls, d'arbres en fleurs. Leurs yeux se reposent sur une verte pelouse. Le parfum des fleurs, le chant des oiseaux, l'air si pur de Laforce, les soins dont elles sont entourées par nos Directrices, réjouissent leur cœur, réparent leurs forces, et leur font un peu oublier la sombre vallée par laquelle elles passent.

3° Nos chères aveugles sont aussi pour nous l'objet d'une tendre sympathie. Elles vivent assez isolées du reste de leurs camarades, et partagent leur temps entre la lecture et des ouvrages de tricot ou du filet. A l'heure de la récréation, des promenades, elles sont au bras de leurs camarades infirmes ou idiotes.

4° *Les idiotes.* — Nous n'avons plus à plaider la cause de ces pauvres infortunées ; leur sort est assuré : elles ont trouvé place dans la société. Objet de répulsion, « créatures dangereuses », disait-on il y a peu d'années encore — les cœurs maintenant se sont émus et la charité les a recueillies. Des faits nombreux sont venus attester que, dans bien des cas, l'idiot était susceptible d'un certain développement intellectuel, et que, dans presque tous les cas, on remarquait chez eux. des facultés aimantes bien profondes. Ils vivent par le cœur.

Nous remarquons avec satisfaction chez plusieurs idiotes, des progrès assez sensibles dans la lecture, l'écriture, et dans les ouvrages à aiguille. Au point de vue moral, les progrès sont plus encourageants encore. Leurs sentiments se développent, s'élèvent vers les régions supérieures ; elles sentent qu'elles sont la créature de Dieu et qu'elles ont une mission à remplir.

Il en est d'autres qui, sans avoir pu apprendre à lire, ont subi une transformation heureuse. A leur arrivée, elles étaient des masses informes, incapables d'agir par elles-mêmes. Leurs instincts étaient grossiers. Aujourd'hui elles rendent des services comme femmes de peine pour les gros travaux de la maison : nettoyage, lessive, etc., etc. Elles traînent les voitures de nos infirmes, les portent dans les dortoirs et leur donnent les soins les plus élémentaires, mais non moins indispensables.

Les dernières, enfin, sont, en apparence, incurables, sans espoir d'amélioration. Elles passent leurs journées assises sur de petites chaises ou se roulent sur le plancher. Les plus âgées doivent être surveillées de près pour éviter toute évasion.

Les idiotes de cette dernière catégorie entreront toutes dans *la Miséricorde*, et Béthesda conservera sa spécialité, déjà bien complexe, ouvrant ses portes aux jeunes filles infirmes, incurables, aveugles, idiotes, mais susceptibles de développement, ou dont la présence ne nuirait en rien à la direction de l'Asile.

L'aspect général de Béthesda est gai; la physionomie intérieure plait à tous nos visiteurs. Nos filles sont à l'ouvroir, faisant les robes, s'occupant de lingerie ou travaillant à de jolis objets de fantaisie. A l'école, il y a eu des progrès vraiment réjouissants.

A l'extérieur, il y a de l'animation. Les petites voitures qui portent nos infirmes sont poussées par nos idiotes. Les aveugles et les infirmes font échange de services rendus. Seules, nos chères infirmes, clouées sur leurs petits lits, sont silencieuses, mais leur couche est jonchée de fleurs apportées par « nos amies. »

Nous avons admis dix-huit pensionnaires. Neuf sont sorties, savoir : quatre retirées par leurs parents, cinq placées en service, deux décédées.

Que nous eussions désiré vous voir assister à ces lits de mort! Maria surtout nous a donné des preuves d'une paix parfaite. Ses souffrances étaient affreuses et son corps n'était qu'une plaie, mais jamais elle n'a murmuré. Son départ a été un deuil pour toutes ses amies.

Béthesda a *cent* pensionnaires.

ÉBEN-HÉZER.

Quelle mystérieuse et affreuse maladie que l'épilepsie? En quittant Béthesda, le cœur voudrait se reposer et ne plus entendre parler d'infirmes, d'aveugles, d'incurables. Hélas! il suffit de traverser un petit jardin pour se trouver en présence de souffrances bien plus grandes que celles que nous venons de décrire. Ce n'est jamais sans émotion que nous franchissons le seuil de cette demeure où cinquante pauvres créatures, se roulent fréquemment sur le plancher dans le paroxysme de la douleur. Mais ce n'est pas, non plus, sans un sentiment de véritable admiration que nous voyons notre Directrice et ses aides passer leur vie à soigner ces filles d'âges divers, qui, de jour et de nuit, sont l'objet d'un dévouement au-dessus de toute expression.

Nous avons eu soin de parer, d'orner le devant de l'Asile de tapis de verdure, d'arbres donnant un épais ombrage, de petits parterres de fleurs, d'une maison d'été. Eben-Hézer doit revêtir à l'extérieur l'air de la prospérité. Nos malades doivent pouvoir oublier leurs crises, nous le désirons du moins, et reposer leurs regards sur les œuvres de la création. Elles ne savent que trop ce qui se passe autour d'elles et n'ignorent pas que leurs compagnes d'infortune sont affectées du même mal. Plus que dans tout autre Asile, il importe de donner de la distraction à nos malades quand elles reviennent à elles-mêmes après leur long sommeil, si l'on ose donner ce beau nom de sommeil à l'état de stupeur qui succède à leurs crises. Tous nos efforts tendront à rendre ce séjour aussi gai que possible. Nous savons, par une expérience déjà longue, que

l'amertume est dans le cœur de nos chères enfants.
Elles sont soumises, nous en avons des preuves,
aux dispensations de Dieu, mais la souffrance n'en
existe pas moins.

ÉTAT SANITAIRE.

Les crises exceptées, l'infirmerie a été rarement
occupée ; nous pouvons donc affirmer que l'état
sanitaire est excellent. Il y a plus de deux ans que,
dans cet Asile, nous n'avons pas eu de décès. Les
malades usées par leurs crises et par des infirmités
qu'elles apportaient avec elles ont vu, pour la
plupart, leur santé se rétablir. Après un séjour de
quelques mois, elles étaient méconnaissables. Leur
teint livide avait disparu ; courbées et affaissées par
une constitution ruinée, par un état anémique,
elles se sont redressées ; sombres, taciturnes, leur
physionomie s'est épanouie.

Qu'avons-nous fait pour opérer de telles réformes ?
Nous avons appliqué en premier lieu le remède par
excellence, la sympathie. Pleurer avec ceux qui
pleurent, c'est porter la consolation dans l'âme. La
parole de Salomon s'est réalisée : « Le cœur content
c'est la santé des os. » Nous ne pouvons entrer dans
le domaine de la vie intime de nos pensionnaires,

mais nous savons dans quel cruel abandon se trouvaient, dans leur famille, les pauvres créatures affectées de cette redoutable maladie. Livrées à elles-mêmes, isolées, objets de répulsion, leur caractère s'aigrissait, le désespoir s'emparait de leur cœur. Dès leur arrivée à Eben-Hézer, elles se sentent entourées d'affection ; elles trouvent une famille. Leurs compagnes d'infortune les entourent, et avant d'avoir franchi le seuil de la porte, elles éprouvent que tous les cœurs leur sont acquis. « On n'a pas peur de moi, on m'aime », disent-elles. La sympathie est notre grand remède.

En deuxième lieu, l'attention de la Directrice se porte sur les soins à donner à nos malades : *les bains, les douches*. Nous renonçons à toute description. Avec douleur, pour ne pas dire avec honte, nous nous demandons comment on a pu laisser croupir dans la misère des créatures qui sont tout, excepté des brutes. Cette première opération n'est complète qu'au bout de plusieurs jours, et elle se continue régulièrement pour chaque pensionnaire.

En troisième lieu, et surtout, nous étudions le tempérament de la malade pour la soumettre au régime qui convient à sa constitution.

Tout cela est bien simple, et pourtant c'est là

notre grand remède pour ramener le bien-être, autant qu'il est possible, dans notre famille d'affligés.

Parmi les nombreuses questions qui nous sont posées, il en est deux auxquelles nous répondrons volontiers :

1° Obtenez-vous des guérisons ?

— Nous aimons à l'espérer, mais nous n'osons l'affirmer. Nous citerons deux exemples : le premier est celui d'une jeune fille qui avait chaque semaine de très-fortes crises. Elle est restée à Eben-Hézer pendant un an sans les voir reparaître. Son père étant tombé malade, elle alla le soigner. Le père guéri, la jeune fille entra comme ouvrière dans une fabrique. Nous avons appris qu'elle est mariée depuis deux ans. Les crises n'ont pas reparu depuis six ans et sa santé est excellente.

Le second est sous nos yeux : c'est celui d'une jeune fille qui avait des crises très-fréquentes. On l'avait renvoyée de l'atelier parce qu'elle était un sujet de terreur pour ses compagnes, et que, de plus, elle aurait pu être prise dans les engrenages de la machine. Depuis cinq ans nous lui avons confié la garde de nos petites épileptiques, et ses crises n'ont jamais reparu.

Nous sommes heureux de pouvoir constater chez

plusieurs de nos malades une diminution sensible dans le nombre et l'intensité des crises ; mais nous sommes sans cesse dans la crainte de leur réapparition. La lettre qui suit justifie amplement nos appréhensions ; elle est de date récente et m'a été écrite par mon secrétaire. (Ma demeure est à trois kilomètres de Laforce.)

« Cher Monsieur,

« J'ai une triste nouvelle à vous annoncer : la Directrice d'Eben-Hézer vient d'arriver à la comptabilité en pleurant, pour me dire que la pauvre *** avait eu une forte crise cette nuit.

« Eben-Hézer est consterné. Il y a vingt-sept mois qu'elle n'avait pas eu de crises. »

Je me rendis de suite à Eben-Hézer et, en effet, je trouvai ma pauvre Directrice dans les larmes et nos enfants dans la consternation. Je vis la jeune fille pâle et dans une douleur profonde, étendue sur son lit, mais soumise aux dispensations de Dieu. En descendant d'auprès d'elle, la Directrice m'exprima ses craintes sur l'effet douloureux que ce retour de crises avait produit sur nos jeunes malades qui, elles-mêmes, n'en ayant pas eu depuis longtemps, espéraient être guéries. C'était un rêve ! Elles lo voyaient maintenant disparaître et se sentaient condamnées et sans espoir à cette terrible maladie.

2° Le contact des épileptiques entre elles ne leur est-il pas nuisible ?

— Nous pouvons répondre : *Non.*

Ce *non* est bien hardi; il l'est d'autant plus que vous avez vu nos hésitations à nous prononcer sur la guérison de la maladie. Mais, jusqu'à ce jour, nous pouvons affirmer, et nous en avons les preuves sous nos yeux, que nos malades voient ces crises sans que jamais cela en ait provoqué chez elles. Toutes se lèvent et vont au secours de l'*amie* qui est tombée. Elles se prêtent un secours mutuel, la soulèvent, lui placent un coussin sous la tête, détachent ses vêtements et accomplissent pour elle tout ce que l'affection peut inspirer. Puis la malade est mise sur un lit matelassé, où peu à peu elle reprend sa connaissance.

Nous avons un argument plus concluant. Presque toutes nos malades sont devenues épileptiques, sans avoir jamais été témoin de telles crises. Depuis leur entrée à Eben-Hézer, elles se sont trouvées chaque jour, et presque à chaque heure, en face de ces scènes que nous ne voulons pas décrire, et cependant, il y a une grande diminution dans le nombre de leurs crises et une amélioration sensible dans leur santé. Si la contagion existait, elles iraient en empirant.

Ajoutons, cependant, que nous évitons toute émotion inutile. Telle épileptique aura des crises accompagnées de caractères si affreux que nos Directrices seules se chargent de les soigner. Ces fidèles amies, semblables à ces diaconnesses qui se disputent l'honneur d'aller mourir en soignant les lépreux, ont fait l'abandon de leur vie. « O femme, ta foi est grande ! »

Avant de terminer ce sujet, nous voulons engager fortement les parents à ne jamais exposer leurs enfants, ni à s'exposer eux-mêmes à la vue des épileptiques. L'émotion causée par une crise peut être dangereuse. Si Dieu nous appelle à une vie de dévouement, allons en avant : « L'Eternel garde les siens. » Et « Ses serviteurs le serviront. »

Nous avons divisé nos malades en deux sections très-distinctes. Les unes sont intelligentes et passent leurs journées à l'ouvroir, occupées à des travaux à l'aiguille ou au tricotage. Une bonne lecture ne nécessitant aucun effort de l'esprit est faite à haute voix. Des chants égaient ce petit troupeau destiné à vivre éloigné de la société. Les amis qui nous visitent se sont souvent demandé avec surprise si vraiment ils se trouvaient entourés d'épileptiques. « Tant de calme et de sérénité, une si grande propreté, des physionomies si heureuses, des ouvrages si bien confectionnés... pouvions-nous espérer de trouver tout cela? » Dans leur étonnement et avec une émotion difficilement contenue, ils exprimaient leur admiration en termes que nous ne répèterons pas.

La deuxième catégorie est composée d'épileptiques idiotes. Nous vous faisons grâce du tableau. Les soins les plus complets doivent leur être donnés. Mais Eben-Hézer n'a pas pour mission de recueillir de telles misères. Le jour de l'ouverture de *la Miséricorde*, elles seront toutes transférées dans cet Asile si ardemment désiré depuis tant d'années. Nos malades de la première catégorie seront paisibles, tranquilles; elles n'auront plus sous les yeux ces êtres hideux, repoussants, dont les hurlements faisaient frissonner même les Directrices.

Neuf pensionnaires nous sont arrivées, pendant cette année. Il n'y a eu ni départ, ni décès.

———

SILOÉ.

Cet Asile a changé d'aspect. Des trottoirs entourent la maison et la séparent de la cour. Le jardin potager et la prairie, parsemés d'arbres fruitiers, joignant au midi le ruisseau, font de Siloé un asile qui charme nos visiteurs. Il y a un an encore que des observations très-justes nous étaient faites sur cette installation, qui laissait tant à désirer. En quittant les asiles des filles, la joie dans le cœur, Siloé et Béthel offraient un contraste douloureux. Il fallait, pour opérer ces modifications tant désirées, des constructions d'une certaine importance. Or, nous avons des amis, des bienfaiteurs, rarement les plus généreux, qui nous reprochaient l'amour de la truelle. Ils acceptaient l'idée de fournir du pain, des vêtements, mais non de donner les appartements nécessaires pour abriter, même modestement, notre famille d'infirmes, de déshérités. A l'intérieur, c'était plus triste encore, et nous n'osions amener nos amis, à l'heure des repas surtout, dans notre cher Siloé. La salle à manger se remplissait trois fois par jour de quatre-vingts garçons. Les uns, toujours assis dans leurs voitures et occupant une place considérable,

gênaient la circulation. Les autres, appuyés sur leurs
béquilles, arrivaient difficilement à leurs places. Une
fois assis, ils étendaient leurs coudes sur la table :
paralysés, ils ne pouvaient faire autrement ; les
derniers, entassés les uns sur les autres, pouvaient
à peine trouver une place pour saisir l'assiette qui
se trouvait devant eux. Ajoutons au tableau dont
nous ne soulevons que le coin du voile, que vingt
petits idiots ne savent pas tenir une cuiller : il faut
leur donner à manger comme à des nouveaux-nés.

Nous avons fait disposer une nouvelle salle à
manger communiquant avec la première, destinée
à recevoir nos garçons les plus dégoûtants. Nos
malades, les infirmes intelligents, sont maintenant
séparés du reste de leurs camarades, tout en prenant
leurs repas aux mêmes heures ; ils trouvent, depuis
ce changement, que la nourriture est bien meilleure!
Les soins de propreté se donnent aussi plus facile-
ment pendant le repas aux idiots gâteux et autres.
Nous avons ajouté une infirmerie séparée des dortoirs avec cabinet à toilette et salle à bains attenante.
Une galerie exposée au sud-ouest permettra à nos
convalescents de se promener sans descendre au
rez-de-chaussée. Les Directeurs de Siloé respirent :
ils pourront enfin exiger de l'ordre, de la propreté ;

nos visiteurs n'auront plus à détourner leurs regards de ces dortoirs habités par des malades qu'il aurait fallu isoler. Ah! chers bienfaiteurs, vous rendez-vous bien compte de ce qu'est un Asile composé de quatre-vingts infirmes, affectés de paralysies partielles, de *spina bifida*, de scrofules répandant l'infection, d'idiots âgés qu'il faut nettoyer comme de petits enfants. Il faut, comme nous, vivre dans ces demeures, pour se rendre compte des difficultés sans cesse renaissantes que nous rencontrons.

Venez voir Siloé et vous serez les premiers à vous réjouir de notre nouvelle installation. Nous voudrions, sans doute, avoir mieux et plus; avec de vieilles masures réparées, agrandies, on ne réussit jamais à faire comme on voudrait. Les dépenses sont à peu près les mêmes que pour une construction neuve, et les plans sont presque toujours manqués.

INSTRUCTION — ÉDUCATION

Tous nos enfants susceptibles d'un développement intellectuel quelconque suivent l'école. Un instituteur breveté est chargé de les instruire. Nous avons des infirmes très-intelligents, et qui pourraient,

comme deux de leurs camarades l'ont fait, prendre
leur diplôme d'instituteur au sortir de Siloé; mais
la nature de leurs infirmités rendrait leur enseignement impossible, et nous nous bornons à leur
donner une bonne instruction primaire.

Quelques idiots, et c'étaient, semblait-il, des cas
désespérés, ont appris à lire couramment et un
peu à écrire. Leur intelligence reste cependant trop
bornée pour qu'ils puissent exercer une profession.
En développant leur cœur, nous élevons leur esprit
et nous les arrachons à la rêverie qui engendrait
les dispositions morales les plus dépravées. Le
besoin de la solitude, si pernicieux aux idiots, fait
place au désir de la vie de famille.

Une des grandes difficultés que nous rencontrons
avec nos idiots, pour ne pas dire la seule, c'est de
les mettre au travail.

Nos infirmes intelligents voudraient embrasser un
état pour lequel, comme nous l'avons dit, ils sont
tout-à-fait impropres. De là, certains malaises entre
eux et la direction. Ils veulent gagner leur vie pour
n'être à charge à personne: c'est bien naturel; —
mais nous ne pouvons leur créer une industrie qui
réponde à leurs désirs. Il en est parfois résulté un
esprit de révolte. Trois jeunes gens se sont évadés.

Nous avons appris qu'ils sont malheureux, mais ils se sentent libres, et ils préfèrent de beaucoup la liberté dans la misère à l'abondance avec un travail régulier.

Les travaux auxquels nous les occupons, en dehors des soins de propreté et de bon ordre que nous exigeons, sont ceux de la culture du jardin, la vannerie et l'état de tailleur.

Nous attribuons aux travaux de la campagne et à la vie au grand air le rétablissement de leur santé. Ces pauvres garçons nous arrivent souvent dans un si triste état de maladie et de faiblesse que nous craignons de les voir mourir dès leur entrée dans l'Asile. Le soleil, l'air pur qu'ils respirent, l'appétit que leur donne le travail, les remet sur pied et nous voyons nos malades transformés après un court séjour.

La vannerie occupe nos garçons faibles de constitution et qui ne peuvent se livrer aux travaux des champs. Nous espérons avoir dans quelque temps un bel atelier de vannerie, et déjà nous avons vu sortir de jolis ouvrages des mains de nos garçons.

Quelques-uns ont préféré l'état de tailleur à celui de vannier ; ils sont libres de choisir entre les deux. Notre maître tailleur, attaché à l'asile comme surveillant, est un de nos anciens élèves, qui, à son tour, enseigne son état aux apprentis.

Nous regardons le travail comme un remède souverain contre les maladies de l'esprit et du corps.

ÉTAT SANITAIRE

Nous avons eu peu de malades à l'infirmerie. Ceux qui y sont entrés, n'en sont sortis que par leur décès. Le jour de l'arrivée de ces pauvres garçons, nous nous sommes demandé comment on osait nous envoyer de tels infirmes. L'un d'eux, surtout, nous inspirait une profonde pitié. Scrofuleux, rachitique, ayant tous ses doigts renversés en arrière, privé de l'usage de ses membres par des rhumatismes. Il a passé un an chez nous. Par sa taille on lui aurait donné douze ans; il en avait quarante. L'air pur qu'il respirait semblait lui avoir rendu la santé, mais au premier retour du froid et malgré nos soins, il prit un rhume dont il ne se releva jamais.

Plusieurs orphelins paralysés de tous leurs membres passent leurs journées entières sur de petites voitures; ils ne les quittent que pour se coucher. Ils sont intelligents, mais ils n'ont pas l'usage de leurs membres. Nous avions essayé de leur faire faire un peu de vannerie fine, mais il a fallu renoncer à ce travail.

Quel triste sort que celui d'un orphelin incurable ! Notre mission consiste à leur donner tous les soins possibles, quelques distractions, à leur rappeler les belles promesses de l'Évangile et à leur montrer cette patrie où il n'y aura plus de souffrance, plus de cris, plus de douleur.

Pendant l'année, nous avons eu 10 entrées, 6 sorties et 3 décès.

BÉTHEL

Trente jeunes gens épileptiques, d'âges divers, forment cette famille d'affligés. La souffrance répugne à l'homme, il ne la porte qu'à contre-cœur. Il se révolte contre cette puissance qui le terrasse, sans lui permettre de se relever. Ses traits s'altèrent, son visage s'assombrit, son regard devient presque menaçant. Il ne sait pas dissimuler ses sentiments et son extérieur entier dépeint la lassitude, le désespoir. Dans **Ében-Hézer**, asile de filles épileptiques, nous l'avons dit, les visages sont souriants, on respire à l'aise ; les grandes douleurs paraissent être supportées avec soumission. Les costumes variés, un petit détail de toilette, disons le mot, un ornement, donnent à nos malades une apparence de prospérité, de contentement d'esprit, que nous n'avons jamais pu trouver chez nos garçons. Le cœur se brise à la vue de leurs infortunes. Que faire pour relever ces esprits abattus, ces cœurs ulcérés ; nous essayons tous les moyens possibles, mais avec peu de succès. Oh ! que notre impuissance est grande ! Les plaies de l'âme ne se bandent qu'avec le cœur ; aussi avons-nous mis tous nos soins à entourer nos malades de directeurs et d'employés dont la compassion et la sympathie puissent inspirer toute confiance à nos chers garçons, à leurs parents ou à leurs protecteurs.

Le succès de notre œuvre repose tout entier sur notre personnel directeur, et Dieu en soit béni, chers bienfaiteurs, vous pouvez être tranquilles à cet égard.

Béthel vient de subir une vraie transformation, désirée depuis bien des années. Dans notre dernier Rapport nous parlions de la nécessité absolue d'agrandir cet Asile. Nos constructions s'achèvent, il en était temps. Nous pouvons aujourd'hui placer dans de petits dortoirs nos garçons de position sociale semblable et leur accorder encore cette vie de famille dont ils jouissaient avant leur entrée à Béthel. Hélas! il faut bien le dire, la redoutable maladie dont ils sont atteints détruit presque en entier ces souvenirs de leur enfance. Toutefois, ils ont conservé dans tout leur être *ce genre*, ces bonnes manières, ce bon ton qui ne s'efface qu'avec la vie. A supposer que ces chers garçons ne comprissent pas les privilèges dont nous voulons les entourer, les parents nous sauront gré d'avoir opéré cette division. De ces enfants épileptiques ou de leurs pauvres parents, lesquels sont les plus à plaindre ? La réponse est dans tous les cœurs.

En principe nous aimerions mieux que chaque épileptique eût sa chambre. Mais nous ne pouvons placer **Béthel** sur un tel pied; il nous faudrait des ressources et un personnel que nous ne possédons pas. Nos grands dortoirs ont, au plus, douze lits et les petits deux lits. Au moyen de guichets, la surveillance s'exerce sur tous nos enfants. Nos employés couchent dans les dortoirs ou dans de petites chambres attenantes. Au rez-de-chaussée, des salles ayant ouverture au nord et au midi, sont destinées aux épileptiques gâteux et autres, arrivés au dernier période de l'idiotie.

Des tilleuls sur le devant de la maison leur permettront en été de passer leurs journées à l'ombre et au grand air.

Béthel est donc un Asile définitivement installé.

ÉTAT SANITAIRE

A tout prendre, il a été satisfaisant. L'infirmerie a rarement été occupée. Plusieurs garçons nous sont arrivés avec des santés usées par l'effet des remèdes empiriques et autres qu'on leur avait fait prendre, et qui n'avaient eu pour résultat que d'aggraver leur maladie et de provoquer un affaissement graduel dans leurs facultés mentales.

La suppression de tous médicaments, des bains fréquents, des douches surtout, un régime alimentaire rafraîchissant, ont rendu les forces à nos malades, et, après un séjour de quelques semaines, les rugosités qu'on remarquait sur leur peau avaient disparu pour laisser paraître un teint frais, ou tout au moins naturel. C'est avec une vraie joie que nous constatons chez plusieurs une diminution sensible dans le nombre des crises et dans leur nature. L'intelligence alors reparaît, et ils peuvent se livrer à divers travaux. Chez d'autres, au contraire, les crises se multiplient et prennent un caractère effrayant : l'intelligence disparaît et les malades deviennent idiots ou fous, ou meurent d'épuisement, ou d'une attaque d'apoplexie.

TRAVAUX

L'occupation principale de nos garçons est la culture du jardin. L'exercice qu'ils prennent au grand air excite leur appétit, répare leurs forces et leur rend la santé. Le travail des champs leur offre aussi toutes sortes de distractions salutaires : ils se trouvent en présence de cette belle nature, ils voient le résultat de leurs travaux. Ces graines qu'ils ont semées poussent, grandissent. Avec une certaine fierté ils disent : « C'est nous qui avons fait venir ces beaux choux, ces belles carottes ; nous sommes des maîtres-jardiniers. » Le chant des oiseaux, le cri des milliers d'insectes, cette harmonie de la nature, les distrait, les amuse ; la création, en un mot, leur rappelle l'œuvre de Dieu, et que ce Dieu est le Père de l'orphelin.

La vannerie demi-fine a des attraits pour nos garçons ; quelques-uns s'y essaient, mais ils réussissent difficilement. A la suite de leurs crises, la vue s'affaiblit ; ils sont saisis d'un tremblement qui ne leur permet pas de préciser leurs mouvements.

Nous avons aussi quelques ouvriers tailleurs qui pourront, si les crises diminuent, se perfectionner dans cet état. Si la guérison ne s'opère pas, ils resteront les tailleurs de Béthel. Hélas! que de vêtements déchirés à raccommoder; dans leurs moments d'emportement, ils mettent en pièce tout ce qu'ils ont sur eux.

Nos enfants sont toujours placés sous la surveillance des employés. A l'apparition de la moindre crise, il faut leur enlever tous les outils; ce n'est pas toujours facile quand leurs membres sont crispés. Nous n'avons eu, jusqu'ici, aucun accident à déplorer; mais nous sommes attentifs aux dangers qu'ils peuvent encourir.

En 1876, nous avons admis cinq épileptiques. Il y a eu deux sorties et deux décès.

LE REPOS.

La paix est au Repos. Cette affirmation surprendra plusieurs lecteurs et de nombreux bienfaiteurs. Parmi les plus grands admirateurs de l'idée du Repos se sont trouvés beaucoup d'amis, d'*amies* surtout, qui ont mis en doute la possibilité d'une entente cordiale entre toutes ces personnes, les unes jeunes encore, les autres âgées, qui jamais ne s'étaient vues. Ces caractères divers, impossibles à modifier, les infirmités de toutes sortes et des habitudes contractées qui sont une seconde nature, pourront-ils se prêter à une vie commune?

Pour nous, qui avons réalisé l'idée du Repos, nous n'avons jamais douté de la réussite de l'œuvre, et nous avons protesté contre cette affirmation que des femmes ne pourraient vivre ensemble sans jeter la discorde et le trouble dans la maison.

Deux amies qui connaissaient le cœur de la femme et toutes les ressources qu'il possède, Mme la baronne Bartholdi Walther et Mme Babut saluèrent la naissance du Repos avec une véritable joie. « Cette œuvre nous manquait, disaient-elles ; nous la désirions tous. » Elles me firent quelques objections de détail et me demandèrent avec bienveillance si je n'entrevoyais pas dans l'exécution de l'œuvre des frottements possibles, des froissements entre les différents membres de cette société, dont chacun apporterait des éléments de discorde. Ma réponse ne se fit pas attendre, et je la résume ici en peu de mots.

« Nos pensionnaires chercheront le repos : pour

elles, la vie aura été une longue épreuve ; les unes seront brisées par la douleur, les autres se raidiront contre l'épreuve. Plusieurs seront arrivées au terme de leur course, ici-bas ; pour elles, l'éternité sera proche : elles sentiront le besoin de se préparer à aller à la rencontre de leur Dieu. Les dernières enfin, chercheront à tirer le meilleur parti de leur position : elles nourriront l'espoir d'être rendues à la santé. Il nous faudra une main ferme, un cœur de femme pour Directrice, beaucoup de support et souvent « faire le sourd. » Le Repos sera facile à diriger. »

Nos deux amies ont souri. Je levai toutes leurs objections et écartai, à l'avance, les difficultés qu'elles prévoyaient.

Nous n'avons pas dit que nous n'aurons que des anges, des âmes d'élite, des cœurs sans défaut, des esprits gais, enjoués, des natures grandes et généreuses. Nous avons attendu le contraire, et c'est aux cœurs brisés, aux âmes souffrantes, aux esprits irrités, hélas ! même contre le Père des Miséricordes, que nous avons ouvert le Repos. « Le Fils de l'Homme est venu chercher et sauver ce qui était perdu », et ses compassions s'étendent à toute créature.

Entrons dans quelques détails, non sur la vie intime de nos chères pensionnaires, ils seront toujours tenus secrets, mais sur notre administration intérieure. De nombreux bienfaiteurs désirent connaître la position qui est faite à nos malades et à quel régime elles sont soumises.

Les lettres les plus contradictoires nous ont été écrites. Des amis voudraient que nos pensionnaires fussent libres de tous leurs mouvements sans être soumises à la moindre discipline. « Exiger de ces pauvres femmes malades qu'elles prennent leurs repas à des heures fixes, qu'elles soient levées à une heure règlementaire, qu'elles disent à la Directrice de quel côté elles dirigent leurs pas... c'est les placer sous un joug que nous n'accepterions pas nous-mêmes. »

D'autres amis nous reprochent de leur laisser trop de liberté, attendu que, dans leurs sorties, elles peuvent faire de mauvaises connaissances, acheter des douceurs nuisibles à leur santé; qu'elles pourraient avoir une faiblesse, tomber dans des endroits inconnus où nous ne saurions les chercher. Pour les repas, on trouve qu'il y a abondance, qu'on pourrait faire à moins, que le Repos est tenu sur un tel pied de confort, de grandeur, que même les familles riches n'oseront plus y mettre les pieds.

Nous avons tout écouté. Il est de notre devoir de nous entourer de toutes les lumières que nos bienfaiteurs, et même nos pensionnaires, peuvent nous donner; mais quand nous avons « examiné toutes choses, nous retenons ce qui est bon. » Et d'ailleurs, le Conseil d'administration, assisté de notre Comité de Dames, sont tenus au courant de toutes nos décisions. Les médecins, aussi, connaissent notre régime alimentaire et tout ce qui concerne les soins que nous donnons à nos malades.

Tout ce qui est nécessaire, utile, convenable, est donné. Il y a trois repas par jour. Le matin à huit heures, thé, chocolat ou café au lait, au choix des malades. A midi, le dîner, composé de soupe, viande et légume. A quatre heures, du thé en hiver; des fruits dans la saison. A six heures, souper de deux plats. Le vin se prend dans les environs, et nous n'hésitons pas à dire que c'est du Bordeaux comme n'en ont pas tous les consommateurs.

A l'infirmerie, le régime varie selon l'état de la malade.

Chaque pensionnaire a sa chambre au nord, au midi, au rez-de-chaussée ou au premier étage, selon l'état de santé de la malade. Chaque chambre a un fauteuil à ressorts avec oreillettes ; un lit à sommier avec deux matelas de crin animal et laine d'excellente qualité.

Un vaste salon au midi, percé de trois grandes ouvertures, réunit toutes les pensionnaires. Si elles le désirent, elles peuvent rester dans leurs chambres.

L'ordre établi est que toutes les pensionnaires soient au déjeuner à huit heures. Celles qui sont infirmes ou malades sont mises au régime de l'infirmerie et se lèvent quand elles le peuvent ; le coucher a lieu à neuf heures du soir.

Le Repos est entouré de vastes jardins, de bosquets, d'allées, s'étendant le long du coteau. Un monticule orné d'arbres toujours verts est aux abords de l'Asile. De ce plateau, nos malades peuvent contempler le beau panorama de la vallée de la Dordogne.

Lorsqu'elles doivent sortir de la propriété, nous désirons qu'elles soient accompagnées, et nous voulons au moins savoir de quel côté elles se dirigent.

Le mot discipline signifie, dans le Repos, direction morale ; mais il est de la plus haute nécessité que les règlements de la maison soient observés. Le jour où il n'y aura plus d'ordre établi, où chacun sera maître de faire ce qu'il voudra, le Repos, habité par des femmes, des hommes ou des enfants, sera un lieu d'anarchie, de révolte. La paix découle de l'ordre.

Nous n'avons encore que six pensionnaires ; mais il y a plusieurs demandes d'admission.

Deux pensionnaires nous ont quitté peu après leur entrée. L'une n'a voulu accepter aucun contrôle, aucune soumission aux règlements. La nourriture n'était ni assez bonne, ni même suffisante ; l'entourage de ses compagnes n'était pas à sa hauteur : elle se sentait entourée d'inférieurs. Elle désirait aussi se rendre utile, avoir un emploi dans les Asiles, les visiter quand bon lui semblerait.

La deuxième, atteinte d'infirmités dont nous ignorions l'existence, voulait se faire soigner par les médecins de son choix. Elle voulait consulter au près, au loin, se distraire par des voyages et se sentir libre de revenir au Repos quand elle le voudrait. La nourriture ne lui convenait pas. Elle alla se faire soigner dans une maison de santé à nous bien connue par la bonté avec laquelle les malades sont traités; mais là, non plus, elle ne voulut pas rester.

Le Conseil d'administration se montrera toujours plus difficile pour les admissions. Notre désir est d'accorder une heureuse retraite à des personnes frappées par la maladie, et dont la vie a été un long dévouement. Selon toute probabilité, elles entreront au Repos pour n'en plus sortir. Notre Asile ne doit pas être considéré comme un hôpital où les malades viennent se faire soigner avec espérance de guérison. Le Repos n'est pas non plus une maison de convalescence. Heureux serons-nous de voir nos pensionnaires se rétablir, même contre toute espérance; mais nous croyons que ce ne sera là qu'une rare exception. Cet Asile doit être une paisible retraite pour des âmes arrivées aux portes de l'éternité, ou pour des infortunes d'autant plus grandes qu'elles sont moins connues.

Dans sa séance du 5 juin, le Conseil a modifié les titres d'admission. Ces titres étaient : « Asiles pour des institutrices, des maîtresses d'école infirmes ou incurables, des dames veuves malades et abandonnées.

On nous présentait des *demoiselles* âgées, infirmes, sans ressources, qui avaient usé leur vie à soigner des parents âgés, ou qui, à la suite de revers de fortune, étaient tombées dans un état de gêne. Leur santé avait été détruite. Sans famille, sans ressources, sans asile, elles sollicitaient une place au Repos. Le Conseil a décidé d'ajouter au titre : « des dames veuves », celui de : « ou célibataires. »

Les titres d'admissions sont donc ainsi exprimés :

Le Repos, Asile pour des institutrices, des maîtresses d'école, des dames veuves ou célibataires, malades, infirmes ou sans appui. »

Le Conseil se réserve toujours, après examen de toutes les pièces, de prononcer ou de refuser l'admission. Il suffirait de l'entrée d'une pensionnaire n'ayant pas les qualités requises soit par la conduite, soit par le caractère, pour jeter la confusion et le désordre dans le Repos. Notre devoir est de protéger celles que nous avons et d'éviter tout conflit, ce qui arriverait inévitablement si des personnes comme celles qui sont parties venaient occuper une place dans notre cercle de famille.

LA RETRAITE.

Nous vous annonçons la fondation de ce nouvel Asile. Ne le condamnez pas avant d'avoir entendu plaider sa cause. Vous lui ouvrirez votre cœur, et il prendra place à côté des six Asiles que déjà vous entourez de vos compassions.

La Retraite recueillera :

1° Des servantes, des femmes veuves ou célibataires, malades ou infirmes, ou sans ressources, que leur éducation ne permet pas d'admettre au Repos.

2° Des femmes infirmes ou incurables, exclues par leur âge ou d'autres motifs de l'Asile de Béthesda.

Le Repos était à peine ouvert qu'on nous adressait de nombreuses demandes d'admission en faveur de servantes jeunes ou âgées, malades ou infirmes. Les certificats étaient des plus touchants. On racontait la vie de dévouement de ces êtres si indispensables à la société, les domestiques; mais nous ne pouvions les recevoir, n'ayant aucun Asile qui leur fût destiné. Le Repos s'ouvre à une tout autre classe de personnes, et le mélange ne pouvait avoir lieu sans de vrais inconvénients. D'autre part, nous avions dans Béthesda des filles infirmes, déjà avancées en âge. Des raisons majeures exigeaient leur isolement et des soins spéciaux. Béthesda n'a pas de chambres particulières ; il fallait donc sacrifier nos petits dortoirs pour une ou deux malades. La Directrice voyait son œuvre se compliquer sans amener de résultat satisfaisant. Depuis bien des années nous souffrions tous de cet état de choses ; comment pouvait-on y remédier autrement que par la fondation d'un nouvel Asile. Mais n'avez-vous pas entendu des voix s'écrier : Encore un nouvel Asile. Il ne s'arrêtera donc jamais !... Nous n'avons rien précipité. Nous avions toujours espéré qu'en France ou en Suisse on ouvrirait un Asile destiné à ces femmes à tous égards si dignes d'intérêt. Quatre malades appartenant à la catégorie destinée à la Retraite avaient été reçues provisoirement. Le jour de l'installation du Repos, nos malades se séparèrent : les unes entrèrent dans la maison qui venait de s'ouvrir, les autres restèrent dans celle qui les avait toutes réunies jusqu'alors. Cet Asile est devenu la Retraite ; il était tout créé, installé, meublé, et la direction restait la même.

La Retraite est donc notre *septième* famille adoptive. Cette maison est située entre Béthesda et le Repos. Elle avait servi de berceau à Siloé, puis au Repos. Depuis son origine, elle a subi bien des transformations.

Très-modeste, très-simple, entourée de beaux jardins, elle abritera des cœurs qûi auront connu la douleur, et qui viendront terminer leurs jours dans le calme de cette Retraite.

Ce modeste Asile n'a encore reçu que cinq pensionnaires ; mais des demandes d'admission nous arrivent fréquemment. Comme pour le Repos, nous devons être très-prudents. Il faut des certificats bien précis de bonnes vie et mœurs, des états de service très-satisfaisants, enfin un ensemble de circonstances qui donne droit à l'admission.

Nous avons déjà vu mourir l'une de nos pensionnaires. Mlle *** nous avait été recommandée par ses anciens maîtres et par plusieurs amis. Dans les premiers temps, elle nous donna beaucoup de peine à cause de son caractère indiscipliné et de son esprit d'indépendance. Une fois même il fallut prononcer son exclusion ; elle s'humilia, reconnut ses torts et déclara qu'elle changerait de conduite. Elle a tenu parole. A partir de ce jour, nous n'avons pas eu de plainte à articuler contre elle. Elle a succombé à une phthisie pulmonaire ; sa maladie a été longue : ce fut une agonie de plusieurs mois. Sa douceur, sa patience, et la reconnaissance qu'elle témoignait pour tous les soins qui lui étaient donnés, furent touchants, et nous pouvons dire qu'elle a été en édification à tous ceux qui la visitaient.

Et maintenant, chers Bienfaiteurs, acceptez-vous cet Asile ? Voulez-vous donner une Retraite à des servantes fidèles, qui auront fourni une vie de dévouement souvent méconnue des hommes, mais connue de Dieu ; à des femmes percluses de tous leurs membres et qui sont sans Asile, sans ressources, sans parents ? Que de servantes, jouissant de la santé, possédant l'usage de leurs facultés, heureuses de pouvoir travailler, vont bénir la Retraite et s'écrieront : « Nous ne sommes pas oubliées, la servante âgée ou infirme a trouvé sa place dans le cœur des chrétiens, elle a une retraite assurée.

LA MISÉRICORDE.

Dans notre dernier Rapport, nous vous annoncions la fondation de cet Asile, mais avec cette réserve que pour commencer les travaux nous attendions d'avoir trouvé toutes les ressources nécessaires.

Au mois de mai dernier, le jour de la fête annuelle des Asiles, je justifiai la nécessité de cette œuvre. Bien des amis sourirent à nos espérances et se demandaient d'où pourrait venir le secours, attendu que les dépenses pour l'entretien des Asiles étaient déjà si considérables, presque effrayantes.

Nous savions bien que dans tels centres que nous ne voulons pas nommer se trouvaient entassés des trésors qui dormaient sans être d'aucun profit pour l'œuvre de Dieu. Plusieurs amis auraient pu se réunir et mettre en nos mains les fonds nécessaires pour assurer un sort aux êtres les plus hideux, les plus repoussants, et qui, par cela même, sont les plus dignes de notre intérêt. Nous attendions toujours; de petites sommes nous arrivaient, et, toutes réunies, nous permirent d'acheter la belle pièce de terre sur laquelle la Miséricorde va se construire.

Nous cherchions au loin ce que Dieu nous a fait trouver à nos portes.

Deux amies, depuis longtemps dévouées à nos Asiles, après avoir lu notre dernier rapport et les trois Lettres que M. le pasteur Recolin a publiées sur sa visite à Laforce, me prièrent de les aller voir.

La fondation de la Miséricorde fut le sujet de notre entretien.

Le lendemain, je reçus de ces deux amies la lettre suivante :

« Nous avons la joie de vous annoncer que nous
« mettons à votre disposition la somme qui vous
« sera nécessaire pour cette œuvre, qui peut bien
« s'appeler la Miséricorde.

« Veuillez nous envoyer, aussitôt que vous le
« jugerez bon, les plans et devis pour une maison
« qui pourra contenir cinquante infortunées, aux-
« quelles on fera du bien. Nous désirons consacrer
« au Seigneur, dans la personne des plus pauvres,
« une partie des biens que nous possédons. En cela,
« nous ne faisons qu'accomplir un des devoirs les
« plus élémentaires de la vie chrétienne, en souve-
« nir de Celui qui s'est fait pauvre pour nous
« enrichir. Si nous avons obtenu miséricorde, nous
« userons aussi de miséricorde.

« Bergerac, 30 juillet 1876.

(Suivent les signatures.

Les plans furent immédiatement mis à l'étude. Ce n'était pas une œuvre facile. Nous devions avoir présentes à l'esprit ces cinquante créatures épilepti ques et idiotes, paralysées de tous leurs membres et dans un état d'idiotie complet ou partiel, aveugles quelquefois; les soins de propreté à leur donner de jour, de nuit; les crises qui peuvent déterminer la folie, faire de ces épileptiques des êtres dangereux. Les malades qui passeront leurs journées sur de petites chaises, d'où elles ne sortiront que pour être placées dans leur lit; les unes, jeunes, les autres, plus âgées.

Il fallait donc des dortoirs séparés, et qui, cependant, pussent communiquer ensemble; une hydrothérapie dans la maison, qui permît à toute heure de donner des douches et des bains de propreté; des salles bien aérées où les plus infirmes pussent passer la journée, tout en étant sur leurs petites voitures; des galeries couvertes où, en toute saison, nos infirmes fussent à l'abri du soleil, de la pluie, tout en jouissant du grand air; les cellules ou chambres obscures, pour les calmer après leurs crises. Une buanderie, un séchoir, des appartements pour la Directrice, les surveillantes, les salles à manger, la cuisine, etc., etc. Tout cela devait se trouver réuni.

Ce plan, bien étudié, a été soumis au Conseil, discuté, approuvé. Les conditions du devis, l'exé-

Lith. Faisandier. Bergerac.

LA MISÉRICORDE

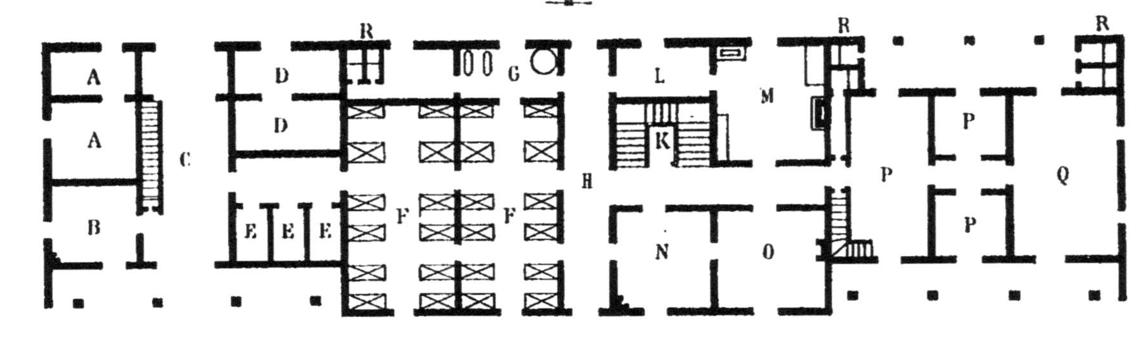

MISÉRICORDE
Plan du Rez-de-Chaussée
A
A
B
C
D
D
E E E
F F
R
G
H
K
L
M
N
O
P
P
P
Q
R
R
R
LÉGENDE.
AA Buanderie.
B Chambre du domest.
C Séchoir.
DD Chais.
EEE Chambres obscures.
FF Dortoirs.
G Hydrothérapie.
H Couloir central.
K Escalier central.
L Office.
M Cuisine.
N Salle à manger.
O Chambre de la Direct.ce
PPP Réfectoires.
Q Salle.
RRR Divers.
1er Étage.
La Distribution diffère peu de celle du Rez-de-Chaussée.
Grenier.
Devant servir de Séchoir.

cution des travaux, ont été confiés à la Commission chargée parmi nous des constructions et réparations.

La longueur du bâtiment est de 58 mètres, sa largeur 15 mètres. Les appartements ont 3 mètres 33 centimètres d'élévation du plancher au plafond ; les dortoirs ont des ouvertures au nord et au midi.

(*Voyez la légende et la gravure.*)

Il restait une grande difficulté. Comment se présenter devant nos deux amies pour leur soumettre les plans, avec un devis qui se montait à 80,000 francs sans l'élévation d'un étage aux deux ailes, et à 90,000 francs le plan terminé, comme l'indique le dessin.

Après examen des plans et du devis, elles me dirent : « Nous sommes satisfaites. »

Le lendemain, je reçus la lettre suivante :

« Cher Monsieur,

« Nous avons pris connaissance du plan de la « Miséricorde. Tout ce que ce plan comporte est « d'une extrême nécessité. Nous l'acceptons tel, « complet. Pour cette construction, nous tenons à « votre disposition la somme de 100,000 francs. « C'est avec joie que nous la donnons au Seigneur, « pour ses pauvres. Notre oncle CH. P. aimait les

« Asiles de Laforce. Il vivait sous le regard de Dieu.

« Nous sommes heureuses d'employer sa fortune, à

« des œuvres auxquelles il l'aurait consacrée.

« Recevez, etc.

« A. P. et S. P. »

Peu de jours après, les 100,000 francs furent déposés chez nos banquiers, MM. Mallet frères, à Paris.

Les constructions sont commencées. Que ne sont-elles terminées !... Il faudra meubler cet Asile : ce sera encore une grosse affaire ; mais il y sera pourvu. Déjà vingt-cinq places seront occupées par les infirmes idiotes de Béthesda et d'Eben-Hézer, qu'il nous tarde d'y voir entrer.

L'Eglise chrétienne va ouvrir ses portes aux êtres les plus malheureux, et dont l'existence est pour nous un profond mystère. Rappelons, en terminant, que la Miséricorde recueillera les idiotes qui sont épileptiques, et les épileptiques atteintes d'infirmités plus tristes encore. Nous n'entrons pas dans les détails.

Plusieurs amis se demandent où nous trouverons un personnel directeur. Nous répondrons que nous avons l'espoir de le trouver dans nos Asiles de Béthesda et Eben-Hézer.

Au jour de l'éternité, les êtres infortunés qui sont reçus dans la Miséricorde béniront leurs généreuses bienfaitrices.

PERSONNEL DIRECTEUR

Quelques amis ont exprimé le désir de faire connaissance avec notre personnel directeur. Nous n'hésitons pas à répondre à leur demande, et à leur indiquer la hiérarchie de notre administration.

LE CONSEIL D'ADMINISTRATION.

Le DIRECTEUR-GÉNÉRAL seul chargé du choix de tout le personnel.

Un SECRÉTAIRE COMPTABLE logé dans la maison appelée Comptabilité, sise à l'extrémité du jardin de la Famille, à portée de tous les Asiles.

LA FAMILLE.

Une directrice ; deux institutrices ; deux maîtresses de couture. Une cuisinière toujours aidée par les élèves de la Famille. Un homme de confiance chargé de l'achat des veaux, moutons, qui se débitent dans les Asiles. Un boulanger fournissant de pain les Asiles, la Famille, Béthesda, Eben-Hézer, le Repos, la Retraite.

BÉTHESDA.

Une directrice; une institutrice; une maîtresse de couture; deux sous-maîtresses chargées de l'éducation des enfants idiotes susceptibles de quelque développement intellectuel. Une infirmière; une cuisinière; une aide chargée du soin des idiotes gâteuses; deux jardiniers chargés de l'entretien des jardins de Béthesda, la Famille, la Retraite.

ÉBEN-HÉZER.

Une directrice; deux sous-maîtresses chargées de l'enseignement de la couture et de la surveillance générale. Une cuisinière; un homme de confiance jardinier.

SILOÉ.

Un directeur et une directrice; un instituteur; une infirmière; un maître tailleur surveillant; une lingère; deux surveillants; un jardinier-boulanger fournissant le pain des deux Asiles Siloé et Béthel.

BÉTHEL.

Un directeur et une directrice ; deux aides ; un cuisinier ; une femme de charge.

LE REPOS.

Une directrice ; une infirmière ; une cuisinière ; un jardinier.

LA RETRAITE.

Une directrice, dont le mari est chargé des réparations des horloges, pendules, serrurerie et affaires de forge de tous les Asiles ; une cuisinière.

La Miséricorde n'a pas encore son personnel directeur.

Nous l'avons dit dans le cours de notre rapport : notre personnel ne restera dans les Asiles que s'il est animé d'un esprit de complet dévouement. A Laforce, il faut servir et vivre de renoncement à soi-même. Nous déposons sur votre cœur toutes ces âmes chargées de l'accomplissement d'une si grande et si difficile mission.

Chers Bienfaiteurs,

Nous avons essayé de vous faire pénétrer dans l'intérieur de ces familles exceptionnelles. Avons-nous réussi? Comprenez-vous ce que nos Asiles renferment de douleurs à calmer, de cœurs brisés à consoler, de déshérités à abriter. Le tableau que nous avons déroulé sous vos yeux aurait-il été trop noir? La tristesse se serait-elle emparée de votre cœur? Nous vous avons dit la vérité et n'avons rien exagéré, ni en bien ni en mal.

Je ne sais s'il existe d'autres Asiles où l'on puisse rencontrer une plus grande réunion de misères morales et physiques. Un médecin célèbre, après sa visite, nous disait: « Il faut venir à Laforce pour trouver de telles infortunes. »

Hâtons-nous d'ajouter que l'impression générale de tous nos visiteurs est celle d'une douce surprise. Ils nous disent: « Nous partons attendris, remués jusqu'au fond de l'âme, et cependant ce n'est pas sans un sentiment de joie que nous quittons les Asiles. Nous nous attendions à ne rencontrer que le déses-poir, des figures sombres, repoussantes, et nous avons trouvé tant de calme... nous dirions presque que nous n'avons pas rencontré un seul visage sur lequel on ne découvre la sérénité et le bonheur. »

C'est à l'influence bénie et au caractère enjoué de notre personnel directeur que nous devons l'état prospère de nos Asiles. Placez auprès de nos malheureux des personnes sans cœur, sans affection, et notre œuvre sera manquée. Les enfants seront nourris, vêtus, soignés même, mais le cœur n'étant pas réchauffé, l'âme étant négligée, nos malades resteront abrutis sous le poids des maux qui les consument. Le cœur brisé ne se répare qu'avec le cœur.

Nous résumons par le tableau qui suit ce qu'a été le mouvement des entrées et sorties dans nos Asiles :

BULLETIN DU 1er JANVIER 1877.

Récapitulation de l'année 1876. – Demandes d'admission
Entrées – Sorties – Morts

NOM DES ASILES	NOMBRE des Pensionnaires	DEMANDES D'ADMISSION	ENTRÉES	SORTIES	MORTS
La Famille............	79	38	26	11	1
Béthesda............	100	42	18	9	2
Eben–Hézer..........	48	43	9	»	»
Siloé................	76	44	40	6	3
Béthel..............	30	13	5	2	2
Le Repos.....,......	6	29	4	3	»
La Retraite..........	3	8	2	1	1
Pensionnaires au 1er janvier 1877 TOTAUX......	342	184	74	32	9

Vous voyez que le 1er janvier nous commençons l'année avec 342 pensionnaires. Notre personnel Directeur se compose de 54 employés, directeurs, directrices, secrétaire-comptable et autres.

RAPPORT MÉDICAL.

Nous soussignés, A. Garrigat, chirurgien de l'Hôpital de Bergerac, membre du Conseil d'hygiène et de la Commission administrative des prisons; A. Clament, médecin ordinaire des Asiles de Laforce, et L. Barraud, docteur en médecine à Bergerac, certifions avoir visité plusieurs fois les divers Asiles de Laforce, pour en faire l'inspection détaillée et en constater l'état sanitaire. Avec tout le soin et l'intérêt que comportaient une semblable mission, nous avons successivement parcouru la Famille Evangélique, Béthesda, Eben-Hézer, Siloé, Béthel, la Retraite, le Repos. Tout a passé sous nos yeux, et notre visite étant terminée, nous n'avons pu que nous déclarer satisfaits, témoigner hautement notre admiration pour les merveilleux résultats obtenus par M. Bost et les collaborateurs qu'il a choisis pour l'assister dans son œuvre.

Affirmer comme nous le faisons dans le présent

Rapport que, grâce aux améliorations réalisées ou en voie d'exécution depuis l'année dernière, les Asiles de Laforce se trouvent, au point de vue de l'hygiène, du régime et du traitement de leurs trois cents infirmes ou malades, dans les meilleures conditions que l'on puisse souhaiter, ce n'est là de notre part qu'un hommage rendu à la plus évidente des vérités.

Il semble que partout, dans ces Asiles, les inspirations de la charité chrétienne aient prévenu et devancé les indications de la science, et le rôle du médecin qui les visite consiste bien plus à admirer ce qui a déjà été fait qu'à signaler ce qu'il y aurait à faire.

Nous ne saurions qu'approuver sans réserve le choix de l'emplacement et la disposition des constructions nouvelles qui s'élèvent à Siloé, Béthel et à la Miséricorde. La création d'infirmeries, de salles à bains, de chambres séparées pour certaines catégories de malades, de locaux et chambres distinctes pour les épileptiques idiots et violents, sont d'excellentes mesures, à quelque point de vue que l'on veuille se placer. Ajoutons que les soins donnés à tous les malades sont aussi intelligents qu'affectueux et dévoués. Il devait résulter, et il résulte en effet d'un tel ensemble de circonstances, que l'état sanitaire ne laisse, pour ainsi dire, rien à désirer.

Sans doute, en parcourant les diverses salles des Asiles, on a sous les yeux le spectacle de bien des misères et de navrantes infirmités. Mais ces misères et ces infirmités sont toutes venues du dehors, et le plus souvent pires qu'on ne les y voit. Aucun cas d'affection fébrile ou nouvellement déclarée ne s'est présenté à notre observation pendant nos dernières visites. Aussi, pouvons-nous dire, comme étant l'expression d'une vérité qui ne souffre que de rares exceptions : On apporte des maladies à Laforce, on n'y en contracte pas.

A quoi faut-il attribuer cet heureux résultat? Les conditions matérielles où se trouve la population des Asiles y ont sans doute une large part.

Nous n'avons pas besoin d'insister sur la situation des divers Asiles, si judicieusement placés à de grandes distances les uns des autres; disposition qui a permis d'éviter les conséquences funestes des grandes agglomérations de personnes malades dans un espace restreint. Ici, partout à l'intérieur, l'air et la lumière; au dehors, partout l'espace, les fleurs, la verdure.

Les effets funestes d'une température trop froide ou trop élevée sur des organisations maladives sont prévenus par des précautions incessantes : les vêtements appropriés, le chauffage et la ventilation des appartements faite avec intelligence. Des salles de bains et des douches permettent d'entrenir chez tous la propreté du corps, d'exciter les fonctions de la peau souvent languissantes chez les scrofuleux si nombreux dans tous les Asiles; enfin, de prévenir ou d'atténuer, en calmant leur surexcitation nerveuse, les attaques réitérées de plusieurs épileptiques.

Tant de causes réunies contribuent efficacement à maintenir l'état sanitaire si satisfaisant que nous constatons depuis plusieurs années dans les Asiles de Laforce. Sans méconnaître la salutaire influence de ces excellentes conditions hygiéniques, nous croyons pouvoir ajouter qu'à Laforce il y a plus encore et mieux que cela. Il y a les soins vigilants, incessants, éclairés, que M. le Directeur John Bost et ses dignes collaborateurs prodiguent aux malheureux recueillis dans les Asiles, avec un zèle et un dévouement qui ne se ralentissent jamais. Ce dévouement est toujours en quête d'un progrès à réaliser, d'une amélioration à inventer ; et lorsqu'il semble avoir accompli tout ce qui était possible, il veut encore aller au-delà s'il aperçoit quelque chose d'autre à faire.

Ce dévouement, dont en parcourant les Asiles on rencontre à chaque pas la preuve, se révèle au médecin d'une manière plus évidente encore. Avec quelle sollicitude les directeurs et les directrices ne l'interrogent-ils pas sur tout ce qui concerne leurs chers malades ? Sur la gravité et l'issue probable de leurs affections, sur l'emploi des moyens qu'il serait bon de leur opposer, on ne saurait leur donner trop de détails minutieux et d'indications précises. Ils ont toujours, au moment où vous allez partir, quelque nouveau cas à signaler, quelques renseignements à prendre. Aussi le médecin doit-il prolonger sa visite fort au-delà du terme qu'il lui avait fixé, et peut-il dire, en entrant dans les Asiles de Laforce, comme le fabuliste :

> On sait fort bien quand on y entre,
> On ne sait pas quand on en sort.

La plupart de ces malheureux sont atteints de maux incurables. Ils ont dû en entrant ici, ou même avant d'y entrer, abandonner toute espérance de guérison. Eh bien, partout où vous allez, dans les jardins, dans les écoles, dans les ouvroirs, dans les infirmeries mêmes où demeurent couchés, sur leur lit de douleurs, les plus misérables entre ces misérables, il est exceptionnel de rencontrer une figure mélancolique, une physionomie sombre ou triste.

Entrons à Siloé : Nous voici dans une vaste salle où se trouvent rassemblés de nombreux spécimens de toutes les infirmités humaines. Il y a là des aveugles, des impotents, des mutilés, des dartreux, des phthisiques. Voici des idiots, des crétins, des microcéphales ; là des choréiques, dont les membres, comme en proie à une véritable folie, sont agités de mouvements sans but et sans fin : voici un malheureux, longtemps soigné par M. D. de B., dont l'atrophie musculaire dévore successivement tous les muscles. Dans un coin de la chambre, on aperçoit sur un fauteuil un jeune homme atteint d'une étrange affection cérébrale. Il ne voit, ne parle ni n'entend. Complètement étranger au monde, sa vie se passe à faire et défaire les nœuds d'une corde.

Transportons-nous maintenant parmi les épileptiques de Béthel. Auprès du poêle qui réchauffe la salle, quatre ou cinq épileptiques idiots sont assis sur de hautes chaises. Ils y sont attachés, car ils ne peuvent se soutenir, leurs mains sont liées. Si elles étaient libres, ils s'en serviraient pour déchirer leur chair et leurs vêtements.

Eh bien ! l'impression qu'on éprouve en se trouvant dans un tel milieu, est loin d'être aussi pénible qu'on pourrait se l'imaginer. Rien de repoussant dans l'aspect de ces infortunés. Ils sont convenablement vêtus, bien chaussés ; leurs mains, leur figure, leurs vêtements sont propres, et leur attitude, leurs regards, leurs paroles, témoignent qu'au milieu de leurs infirmités et de leurs souffrances irrémédiables, on est parvenu à les empêcher de se sentir trop malheureux.

A Béthesda, à Eben-Hézer, le même spectacle nous attend. Nous voici dans les écoles, aux murs couverts de gravures coloriées. Des idiotes s'exercent péniblement à lire où à réciter. Dans l'ouvroir où se trouvent réunies des infirmes de tout degré, et de toute nature : aveugles, paralysées, idiotes, scrofuleuses surtout, les unes cousent, les autres brodent, d'autres tricotent. On a soin de leur fournir l'occupation qui convient le mieux à leur goût et à leurs infirmités. Ici, comme là-bas, parmi ces ouvrières comme parmi ces élèves, aucune ne paraît ennuyée ni fatiguée de sa tâche.

Les progrès de l'épilepsie, des affections nerveuses de certaines idiotes et d'autres maladies encore, peuvent dans bien des cas être enrayés ou suspendus par cette influence bienfaisante. L'agitation s'apaise et les idées tristes et dépressives s'effacent pour faire place au calme, à la résignation, à l'espérance ; et grâce à l'action si puissante du moral sur le physique, la santé, si elle n'est pas irrévocablement compromise par une affection organique, ne tarde pas à s'améliorer, parfois même à se rétablir. C'est ainsi que l'on obtient dans les Asiles des guérisons de maladies jusqu'alors rebelles aux traitements les plus persévérants et les mieux appropriés, guérisons que des médecins instruits et habiles, avaient déclarées impossibles.

GARRIGAT, Dr-M.-P. ;

A. CLAMENT, Dr-M.-P. ;

BARRAUD, Dr-M.-P.

Bergerac, le 22 février 1877.

Il nous est bien doux d'avoir à constater que les soins dévoués de nos médecins rendent notre tâche facile. Nous faisons les vœux les plus sincères pour qu'ils nous soient longtemps conservés.

M. le docteur Guépin, de Bordeaux, oculiste bien connu, s'est mis généreusement à notre disposition pour les opérations et soins à donner à nos malades. Nous pouvons donc le considérer comme l'un des bienfaiteurs de nos Asiles. Ceux-ci et le Conseil d'administration lui expriment une reconnaissance bien méritée.

SITUATION FINANCIÈRE.

Après l'examen du tableau ci-contre vous donnant notre mouvement de fonds, deux explications nous paraissent nécessaires.

La première est relative aux 57,187 fr. 70 c. pour constructions et réparations. Cette somme a été employée à solder le Repos, à donner des à-comptes sur les agrandissements et modifications de Béthel et de Siloé, sur les dépendances de Béthesda et de la Retraite, et enfin sur l'entretien des Asiles pendant l'année 1876.

La deuxième a trait aux 26,027 fr. 45 c. pour salaires. Nous avons 54 employés salariés, dont plusieurs ont leur ménage particulier.

EXERCCE DE 1876.	RECETTES.	
Pensions	44453	20
Dons	85767	70
Produit des jours	52500	»
Recettes diverses	7842	65
Ventes	9138	75
Rentes	3122	11
Collectes	14183	65
Loteri s	2168	»
Boni au 31 décembre 1875	14965	12
Total des Recettes	234,141	18

Don extraordinaire pour la construction de l'Asile « LA MISÉRICORDE » .... 100,000 fr.

Le secrétaire comptable,
Henri LAFOUX.

NOTA. — Le don de 100,000 fr. est en notre possession. Il ne paraîtra en ligne de compte, aux Recettes et aux Dépenses, que lorsque cet Asile sera terminé et soldé, c'est-à-dire dans notre prochain Rapport.

Après vérification, nous avons trouvé la situation financière conforme aux livres.

Les membres du Conseil d'administration,

Dr GARRIGAT,
MARRAULD, ancien magistrat.

DÉPENSES DE 1876.	DÉPENSES.	
Nourriture	58354	»
Vêtements	14999	60
Meubles et ustensiles	6250	64
Epicerie et mercerie	12028	39
Combustibles et éclairage	6415	35
Construction et réparations	57187	70
Salaires [54 personnes]	26027	45
Service de santé	1776	95
Correspondance	1437	16
Frais de voyage	5378	90
Frais de bureau	350	45
Biblioth. Abonnem. Classes	1494	20
Dépenses diverses	16147	79
Impôts et assurances	1545	15
Chevaux et voitures	2987	65
Ameublement et Lingerie	8141	65
Blanchissage et repassage	364	65
Rapports et imprimés	4017	80
Loyers	630	»
Immeubles	850	»
Total	2263,85	48
Actif au 31 décembre 1877	7,755	70
Total égal aux Recettes	234,141	18

Quelques mots, quoique nos précédents Rapports le mentionnent et que nos amis le sachent, pour rappeler l'origine des *jours*. Nous le répétons pour les nouveaux amis que l'année 1877 pourra nous fournir, et qui ne connaîtraient pas nos précédents Rapports.

Nous appelons *un jour* le montant des dépenses occasionnées par l'entretien des Asiles pendant une journée.

Lorsque nous eûmes cette idée, le Repos, la Retraite, la Miséricorde, n'existaient pas. A cette époque, il avait été calculé que 300 fr. nous suffisaient.

Les trois Asiles dont les noms précèdent ont considérablement augmenté nos charges en augmentant dans de grandes proportions notre petit monde de déshérités. Nous avons actuellement 100 pensionnaires de plus, sans compter l'augmentation évidemment nécessaire du personnel. Et ces proportions augmenteront encore.

En considération de ce surcroît de charges, plusieurs amis ont augmenté leur souscription. Nous leur en exprimons ici une fois de plus notre sincère et profonde reconnaissance. Néanmoins nous n'avons pas cru devoir de nous-même changer ce chiffre, qui est toujours fixé à 300 fr.

Un livre particulier est ouvert pour nos souscripteurs d'un jour. Il est disposé en forme de calendrier.

En face de la date que le souscripteur nous indique se trouvent, dans diverses colonnes destinées à cet effet, et dans l'ordre suivant :

La date du jour assuré; le nom du souscripteur; son adresse; le souvenir que ce jour rappelle; l'année où nous avons reçu l'heureuse nouvelle qu'un nouveau jour nous était assuré; observations diverses; enfin, le contrôle par année des souscriptions reçues.

Le nombre de jours assurés au 31 décembre 1875 était de 150. En 1876, nous avons reçu 41 nouveaux jours. Total au 31 décembre 1876 : 191 jours.

Ici encore la place de deux explications.

Quelques souscripteurs nous ont quittés pour aller jouir à jamais de la félicité des saints. Leur mémoire sera toujours en bénédiction parmi nous. Pour ces chers et bien-aimés amis, le jour est arrivé où ils sont allés récolter là-haut ce qu'ils avaient semé ici-bas.

D'autres enfin ne nous ont pas envoyé leur souscription pendant l'année écoulée.

Les *jours* qui nous sont assurés par un capital sont :

Celui de	M. S. R.,	un titre de	340	fr. de	rente	5 %.
»	Mlles P.	»	300	»	»	5 %.
»	Mme S.	»	300	»	»	3 %.

Enfin, celui de feu M. le pasteur D., qui nous a légué par testament olographe le capital nécessaire pour acheter un titre de 300 fr. de rente 3 %, pour assurer un jour à perpétuité aux déshérités recueillis à Laforce.

Ce qui porte à 4 le nombre de jours qui nous sont assurés à perpétuité et dont les Asiles possèdent le capital.

D'autres promesses nous ont été faites.

Nous sommes assurés que de nouveaux amis suivront ce noble exemple et laisseront ainsi au milieu de nous la trace bienheureuse et ineffaçable de leur charité chrétienne.

Bénies soient les deux généreuses bienfaitrices qui ont, par un don exceptionnel de 100,000 fr., assuré la construction de l'Asile la Miséricorde.

La Société du Sou Protestant continue à faire une large part à nos désolés dans la répartition de ses fonds. Nous avons reçu en 1876, en deux fois, la somme de 760 fr.

Les Bassoutos ont aussi appris à nous connaître, et nous témoignent leur sympathie en nous envoyant des secours par l'intermédiaire du cher Pasteur Jousse, missionnaire à Thaba-Bossiou, duquel nous avons reçu 325 fr. en 1876.

Les colons de la colonie de Sainte-Foy nous ont envoyé 50 fr. pour leurs amis souffrants.

Mme veuve C. nous a légué 5,000 fr., qui ont été convertis en rentes 3 % sur l'Etat. Les héritiers de cette bienfaitrice se sont chargés des frais de succession, et nous ont fait un don complémentaire de 823 fr. 60 c., pour parfaire le prix d'achat du titre de rente acheté.

Le legs de 4,000 fr. de Mme de M. a été réduit à 3,880, par suite des frais de succession que nous avons eus à payer. Nous sommes en mesure de prendre possession de ce legs, qui sera converti en rentes sur l'Etat.

M. R.-T. de N., au nom de son fils, nous a donné un titre de 20 fr. de rentes 5 %, avec cette mention : « Pour mes jeunes amis des Asiles de Laforce. » Dieu veuille que nous recevions souvent de ces témoignages d'amitié.

M. D. F. nous a légué 300 fr. que nous allons convertir en rentes.

La Famille L. d'O. de S. nous a envoyé un don de 200 fr. en souvenir de feue Mme L. d'O.

M. et Mme T. B... ont également envoyé un don extraordinaire de 600 fr., avec lesquels nous avons acheté un titre de 30 fr. de rente 5 %.

M. M. C. de M. nous a fait également envoyer, par l'intermédiaire de M. C., pasteur à T., un don anonyme de 2,000 fr.

En souvenir de feu son mari, Mme P. de B. nous a fait un don de 500 fr., spécialement affecté à l'agrandissement de Béthel.

Nous avons aussi reçu 400 fr. des héritiers de M. C. F., de Bordeaux.

Rappelons enfin le magnifique don que nous avons reçu de Miss L. W. en 1875, et que nous avons converti en un titre de 1,204 fr. de rente 5 %.

MÉTAIRIE

Relevé des Recettes et des Dépenses

RECETTES		DÉPENSES	
Lait	2190	Exploitation	1800
Vin	650	Nourriture du bétail	2050
Légumes	800	Frais divers	1050
Blé, paille	1050		
Bétail et engrais	2360	TOTAL DES DÉPENSES	4900
Foin	1050	BÉNÉFICE NET	3200
TOTAL DES RECETTES	8100	COMME AUX RECETTES	8100

Le tableau qui précède n'a pas besoin de commentaire. Les 3,200 fr. de bénéfice net prouvent suffisamment que la métairie nous est d'un grand secours par la variété des produits qu'elle nous procure.

Ces produits sont consommés par nos cinq Asiles de filles.

Nous élevons une partie des porcs qu'il nous faut pour notre entretien.

CONCLUSION

Notre mission est terminée; la vôtre ne va-t-elle pas commencer? Nous sommes vos mandataires; vous avez décidé que les Eglises protestantes de langue française ne laisseront pas un seul orphelin incurable sans lui fournir un Asile: en cela vous marchez sur les traces de Celui qui allait à la recherche de la brebis perdue. Mais avez-vous suffisamment réfléchi à ce que sont nos dépenses journalières? Nous avons plus de *quatre cents* per-sonnes à entretenir tous les jours. Nos Asiles ne peuvent donner de vacances. Nous cherchons à réduire nos dépenses et tous les jours elles aug-mentent. N'oubliez-vous pas, trop souvent, que, la Famille exceptée, nous n'avons que des malades? Nous avons à cœur d'améliorer leurs santés ou de les soulager. Pour atteindre ce but, il faut une nourriture substantielle, des soins incessants, et pour donner ces soins, il nous faut un nombreux personnel; encore est-il insuffisant. Dans nos deux Asiles Eben-Hézer et Béthel, nous avons 80 épilep-tiques de tout âge. Ces derniers temps, nous avons, en moyenne, par semaine, 141 crises le jour et 82 la nuit : soit 223 crises par semaine ! Pour soutenir notre personnel Directeur ; pour faire vivre nos pauvres martyrs, nous ne devons rien négliger. Dans les autres Asiles aussi, que de maladies, d'infirmités, qui réclament une nourriture spéciale ! « Où trouverons-nous du pain pour nourrir tant de gens ? »

L'année dernière nous avons construit :

1° Les dépendances de Béthesda ;

2° Agrandi la Retraite ;

3° Reconstruit une partie de l'ancien Siloé ;

4° Construit tout un corps de logis à Béthel.

Nous n'avons pas encore les comptes, les travaux n'étant pas terminés ; mais ils s'élèveront au moins à 40,000 francs. Quelques amis pourraient se concerter, faire cette somme et délivrer notre esprit des soucis financiers. Notre bon Jésus demande non des admirateurs, mais des imitateurs. Quelle heure, pour nous, que celle de l'arrivée des courriers. Que d'émotions diverses ! Le secours arrive-t-il ? Non, ce sont de nouvelles demandes d'admission. C'est, il est vrai, pourtant, un secours... notre Dieu nous montrant par là qu'Il a besoin de nous. Mais pourquoi tant d'amis négligent-ils de nous envoyer ce fruit de la foi : la charité, manifestée par la libéralité.

Hélas ! nos cœurs sont soumis à de rudes épreuves tout le long de l'année. Bientôt nous ferons dans nos rapports un chapitre que nous appellerons :

NOS DEUILS.

En France, notre vénérable amie, Mme Adèle Babut, que nous pourrions appeler la mère de nos Asiles, nous a été retirée. C'est dans son salon, à Montauban, que *La Famille*, — la première pierre de l'édifice de Laforce, fut posée. En nous annonçant son décès, une amie ajoutait : « L'une des dernières œuvres auxquelles elle s'est bien vivement intéressée est une vente en faveur de *La Miséricorde*.

Mme veuve Boyer-Guillon, l'un des membres bien dévoués de notre Comité de Dames, nous a été subitement enlevée. Pleine de bonnes œuvres, riche en conseils, nous sentons tous les jours davantage le vide que cette amie dévouée nous laisse.

MM. Henri Schlumberger, de Guebwiller ; Lucien

Faure, Preller, de Bordeaux, nous ont aussi quittés. Ils aimaient nos Asiles.

Une chère petite amie, A. G..., aussi nous a fait ses adieux. Infirme elle-même elle aimait nos Asiles.

En Angleterre, Miss E. Peek, — amie dévouée qui avait intéressé tant d'amis à nos Asiles. Elle s'est dépensée à l'œuvre de son Maître. Les missionnaires, toutes les œuvres de bienfaisance, nos Asiles de Laforce, la pleureront longtemps. Mme Harrison, chez laquelle se tenaient les réunions en faveur de Laforce, nous a quittés. Courbée sous le poids des années, son cœur était resté fidèle à l'œuvre de son Dieu. Elle s'est endormie dans une paix parfaite.

A Genève, M. Charles Eynard-Eynard, l'ami des pauvres, l'ami de Laforce, « parce que, disait-il, vous recueillez les plus grandes détresses, celles qui sont repoussées de tous les Asiles existants. » Ce précieux bienfaiteur laisse sur son passage les traces d'une douce piété, et le souvenir d'un cœur qui savait souffrir avec ceux qui souffrent.

Sa famille le remplacera pour nous, nous en avons la douce espérance.

M. W. Turretini, depuis longtemps un de nos amis dévoués, nous attend dans la meilleure patrie.

Mᵐᵉ A. Naville, si dévouée aux malheureux, avait pour nos Asiles une affection particulière. Nous ne saurions oublier avec quel intérêt elle nous parlait, il y a un an à peine, des nombreuses familles de déshérités qui se trouvaient à Laforce. Si on l'osait, on demanderait à Dieu pourquoi il retire de ce monde des âmes si utiles.

La baronne de Staël aussi n'est plus. Cette femme d'élite avait tant aimé nos Asiles ! Dès leur apparition, elle se constitua une de nos généreuses bienfaitrices. Sera-t-elle remplacée ?

Ils se reposent de leurs travaux. C'est bien assez, mais pas trop, d'avoir vécu une fois, si, au moment suprême, nous pouvons nous écrier : « J'ai gardé la foi, j'ai achevé l'œuvre que tu m'avais donnée à faire. »

Et maintenant, adieu, chers Bienfaiteurs. Le temps de notre départ est proche; glorifions Dieu dans nos corps et dans nos esprits, qui lui appartiennent.

Votre dévoué,

John BOST.

Lu et approuvé en Conseil.

Laforce, le 23 février 1877.

LES DONS ET SOUSCRIPTIONS SERONT REÇUS :

FRANCE :

A Laforce (Dordogne), par M. le pasteur John Bost, directeur des Asiles.

A Paris, par MM. Mallet frères et Cie, banquiers, 37, rue d'Anjou-St-Honoré.

Par les *Sociétés Adolphe* ci-après :

A Alais, par Mlle Arbousset, rue Fabrerie.

A Bordeaux, chez Mlle Marie Hovy, 49, rue Traversière.

A Ganges, chez Mlle Louise Ausset ou Mlle Cazalet.

A La Rochelle, chez M. le pasteur Good.

A Lyon, chez Mme Oberkampf-Fitler, 69, Avenue de Saxe.

A Montauban, chez M. le professeur Jean Monod.

A Marseille, chez Mme Mouline, 161, cours Lieutaud.

A Montpellier, chez Mme Paul Castelnau, 34, rue Saint-Guilhem.

A Nîmes, chez Mme A. Babut-Monod, rue Clérisseau, 21.

A Pau, chez Mlle Sophie Peyre, rue Montpensier, 21.

Par les Bienfaiteurs dont les noms suivent :

A Anduze, chez Mme Ph. Gervais.

A Annonay, chez Mlle Jenny Giscard (Société de Bienfaisance).

A Bernis, chez M. le pasteur LAGET (Réunion de Dames).

A Cannes, chez F. ROBINSON WOOLFIELD, Esqre. villa Lowther.

A Castres, chez Mme Ve CASTEL.

Au Havre, chez M. JULIEN MONOD, côte d'Ingouville.

A Menton, chez M. le pasteur DELAPIERRE et chez Mme DUDGEON, aux Grottes.

A Montagnac, chez Mlle CAZELLES, ATH., (Société de Dames.

A Milhau, chez Mmes de CARBON FERRIÈRES et BOUBE.

A Nice, chez MM. les pasteurs CHILDERS et BURN MURDOCH.

A Rochefort, chez M. le pasteur CAZALIS (Comité de Bienfaisance).

A St-Jean-du-Gard, chez Mlle EMMA FABRE.

A St-Hippolyte-du-Fort, chez M. GRASCH, instituteur.

A St-Affrique, chez Mlle EUGÉNIE VERNIÈRE.

A Mazamet, chez Mme ROUVIÈRE-HOULÈS.

SUISSE.

A Genève, chez Mme BOUVIER-MONOD, rue Charles Bonnet, 4, et chez Mlle CAROLINE GAUSSEN, 8, rue Eynard.

A Lausanne, chez M. GEORGES BRIDEL, libraire-éditeur.

A Neufchâtel, chez M. E. de PURY.

BELGIQUE.

A Ostende, chez M. ISEBAERT, Officier de l'état-ma-jor des Places.

ALSACE.

A Strasbourg, chez Mlle M. RAUSCH, 5, rue des Mineurs.

GRANDE-BRETAGNE.

A Bleakheath, chez Miss HARRISSON, Bleakheath Park: Kent.

A Edimbourg, chez THE MISSES MACKENZIE, 16, Moray place.

A Glasgow, chez TIMOTHÉE BOST, Esqre., 34, Lynedoch Street.

A Liverpool, chez W. CROSFIELD, Esqre., Annesly, Aigburth.

A Londres, chez MM. RANSOM-BOUVERIE et Cie, 1, Pall Mall East, et chez MM. JAMES NISBET et Cie, 21, Berners-Street.

MM. les libraires protestants et MM. les rédacteurs de journaux religieux, en France et à l'étranger, continueront, comme par le passé, à recevoir les dons qu'on voudra bien nous faire parvenir par leur intermédiaire.